Catalogage avant publication de Bibliothèque et Archives nationales du Québec et Bibliothèque et Archives Canada

Martel, Sophie, 1976-

Sam apprend à aimer l'école : une histoire sur... la motivation

Pour enfants de 4 à 8 ans.

ISBN 978-2-89512-881-6

1. Motivation en éducation-Ouvrages pour la jeunesse. 2. Apprentissage-Ouvrages pour la jeunesse. 3. Motivation chez l'enfant. I. Battuz, Christine. II. Titre. III. Collection : Histoire sur--.

LB1065.M37 2010   j370.15'4   C2009-942370-7

Directrice éditoriale : Claire Chabot
Réviseure-correctrice : Danielle Patenaude
Droits et permissions : Barbara Creary
Graphisme : Nancy Jacques

Dépôt légal : 1er trimestre 2010
Bibliothèque et Archives du Québec
Bibliothèque nationale du Canada

Dominique et compagnie
300, rue Arran, Saint-Lambert
(Québec) J4R 1K5
Téléphone : 514 875-0327
Télécopieur : 450 672-5448
Courriel : dominiqueetcompagnie@editionsheritage.com
www.dominiqueetcompagnie.com

Imprimé en Chine

Nous remercions le Conseil des Arts du Canada de l'aide accordée à notre programme de publication.

Nous reconnaissons l'aide financière du gouvernement du Canada par l'entremise du Programme d'aide au développement de l'industrie de l'édition (PADIÉ) pour nos activités d'édition.

Nous reconnaissons l'aide financière du gouvernement du Québec par l'entremise du Programme de crédit d'impôt pour l'édition de livres – SODEC – et du Programme d'aide aux entreprises du livre et de l'édition spécialisée.

Sam apprend
à aimer l'école

*À Germain Duclos,
qui a su croire en moi
et me donner la force
de réaliser mon rêve.*
Sophie

Sophie Martel, psychoéducatrice
Illustrations de Christine Battuz

Dominique et compagnie

À l'école, Sam se distrait en jouant avec de petites araignées en plastique pendant que tous les élèves de la classe travaillent.

— Une araignée, aaaahhhh… une araignée! s'écrie Lucie, assise à côté de Sam.

Madame Viviane, l'enseignante de maternelle, vient voir ce qui se passe.

— En plus de ne pas travailler, dit-elle, tu déranges les autres. Sam, je ne suis pas contente. Je te confisque tes bestioles!

Sam est fâché. Il veut ravoir ses araignées ! Il n'a plus envie de rien. Il ne veut même pas jouer avec Léa, sa meilleure amie. Pendant la récréation, Léa lui montre son carnet rempli d'étoiles.

— J'aurai bientôt droit à ma récompense, dit-elle avec fierté.

— Je m'en moque des étoiles ! répond Sam. Je déteste l'école !

Depuis ce jour, Sam n'aime plus aller à l'école.
— Dépêche-toi ! lui dit sa maman. Léa est déjà arrivée.
Sam prend son sac à dos en grimaçant et marche sans entrain
sur le chemin de l'école.

Sam termine difficilement son année scolaire. Plus rien ne l'intéresse. Même à la fête de fin d'année, il boude dans son coin pendant que les autres élèves reçoivent des récompenses pour leurs efforts.

Enfin ! Les vacances sont arrivées !
Sam retrouve sa bonne humeur.
Il s'amuse avec Léa dans la cabane
construite par son père, dans le gros
arbre derrière sa maison.

— Regarde l'oiseau rouge perché sur la
mangeoire. C'est un cardinal ! dit Sam.

— Oh ! comme il est beau ! s'exclame Léa.

— Et là… regarde, des petites mésanges !
Viens Léa, nous allons les nourrir dans nos mains.
Elles raffolent des graines de tournesol.

　　C'est la rentrée scolaire. Sam et Léa font la connaissance de madame Édith,
leur nouvelle enseignante. Elle leur fait écrire leur nom sur un carton et les invite
à le décorer. Ensuite, ils pourront le coller sur leur pupitre.

— Est-ce qu'il va y avoir un tableau de récompenses ? demande Léa.

— Non, il n'y en aura pas, répond calmement madame Édith.

Léa est mécontente. Elle écrit son nom sur le carton avec des feutres, mais décide de ne pas le décorer. De toute façon, elle n'aura pas d'étoile. Alors, à quoi bon s'appliquer ! Sam, lui, dessine des oiseaux et des animaux autour de son nom. Il les colorie avec de la peinture et y colle des plumes et des paillettes.

À la récréation, Sam et Léa vont jouer aux pieds des arbres. Soudain, ils aperçoivent une colonie de fourmis. Impressionnés, ils les suivent et découvrent leur nid.

Madame Édith vient vers eux.

— Zut ! dit Sam. Madame Édith va nous surprendre. Nous sommes hors des limites de la cour.

— Vite, sauvons-nous, lance Léa.

Il est trop tard, l'enseignante les a déjà rejoints.

— Oh ! c'est une fourmilière ! remarque madame Édith. C'est très intéressant mais la récréation est terminée. Allons, rentrons maintenant !

Sam est surpris d'apprendre que son enseignante s'intéresse, comme lui, aux fourmis.

En classe, madame Édith annonce aux élèves :

— Sam et Léa ont trouvé une fourmilière. Cet après-midi, avant la récréation, nous irons tous observer cette colonie de fourmis.

— Hourra ! s'exclame la classe.

Après la récréation, les élèves sont excités :

— Tu as vu le nombre de fourmis ? demande Jean.

— Oui, et celle qui portait une feuille à elle toute seule ! répond Marie.

— Laquelle est la reine ? veut savoir Léa.

— C'est la plus grosse, répond Sam, mais on ne peut pas la voir.
Elle se cache dans le nid !

Madame Édith propose aux élèves de fabriquer un vivarium afin de mieux observer une colonie de fourmis en classe. La réaction est immédiate. Toute la classe est enthousiaste!

— Cette semaine, vous devrez trouver des informations sur les vivariums de fourmis, dit madame Édith.

— Génial! s'exclame Sam.

Sam aime tellement les insectes. Pour une fois, il est impatient de faire ses devoirs.

Les élèves cherchent dans les livres et sur Internet. Lucie se rend à la bibliothèque avec sa mère. Elle rapporte un beau documentaire illustré.

Quant à Léa, elle ne fait pas d'effort.

— Je n'aurai pas de récompense, se dit-elle. Ça ne vaut pas la peine de chercher ! De son côté, Sam a trouvé une idée géniale : aller à l'Insectarium.

Ravie de la proposition de Sam, madame Édith organise une visite à l'Insectarium. Sur place, un animateur explique à toute la classe comment fabriquer un vivarium et bien en prendre soin.

Sam demande à Léa de l'aider à dessiner un plan de vivarium et les tunnels que l'on appelle des galeries. À l'école, ils mettront toute l'information recueillie sur une grande affiche.

De retour en classe, chacun participe à la fabrication du vivarium.
Simon apporte un aquarium et Lucie, une pelle pour creuser la terre et ramasser
les fourmis.

— Il faut les mettre dans des sacs bien fermés, rappelle Lucie. C'est l'animateur
de l'Insectarium qui l'a dit.

— Moi, je me souviens qu'il faut mélanger des morceaux d'écorce avec la terre,
ajoute Léa.

— Il faut aussi des couches de terre avec des fourmis et d'autres sans fourmis, dit Sam.

— Très bien, nous pouvons commencer ! annonce madame Édith.

Petit à petit, le vivarium prend forme. On ajoute de l'eau sucrée, des insectes et des morceaux de fruits pour nourrir les fourmis.

Après quelques semaines, les fourmis ont fait leur nid dans le vivarium. On peut maintenant observer les galeries qu'elles ont creusées.

Les élèves sont enfin prêts à présenter
leurs découvertes à leurs parents. Sam et
Léa sont fiers de poser leur affiche bien en vue.
Lucie a fait un magnifique collage de photos.

Léa montre le plan du vivarium et des galeries
à ses parents.

— Oh! Bravo Léa! Tu as bien travaillé.
Nous sommes si fiers de toi! lui disent-ils
avec affection.

Léa aussi est très fière d'elle. Elle se dit
que c'est encore mieux qu'une récompense!

Sam, lui, a été choisi pour expliquer le
fonctionnement du vivarium. Ses parents
le félicitent et lui font un gros câlin.
Ils sont très heureux de voir que leur fils
aime à nouveau l'école.

L'apprentissage découle directement de la relation pédagogique qui s'établit entre l'élève, l'enseignant et la matière enseignée. Si l'élève entretient une relation significative avec l'enseignant, il y a de fortes chances qu'il porte un réel intérêt à apprendre. Dans cette perspective, l'enseignant sait reconnaître et satisfaire les besoins de sécurité et d'appartenance de l'élève. Peu à peu, il arrive à estomper sa relation étroite avec l'élève afin que ce dernier développe une autonomie à l'endroit de ses apprentissages. Mais, comment s'y prendre pour motiver l'élève à établir une relation avec le savoir?

Qu'est-ce que la motivation scolaire?

La motivation scolaire n'est pas statique et ne dépend pas seulement de la matière enseignée, de l'enseignant ou du style d'enseignement proposé. Elle est influencée par plusieurs facteurs déterminants, mais n'est pas toujours justifiée par une passion ou un intérêt immédiat de l'élève. Ce sont les perceptions de l'élève envers lui-même et son environnement qui l'amèneront à choisir une activité, à s'y engager et à maintenir ses efforts jusqu'à la réalisation de son but.

Les déterminants de la motivation

La motivation d'un élève est en lien direct avec la perception que ce dernier a de lui-même. On parle ici des capacités qu'il croit avoir et non pas de ses capacités réelles. Un jeune peut croire qu'il est incapable de réaliser une activité alors que dans les faits, il réussit des tâches beaucoup plus complexes. Les perceptions de soi se manifestent très tôt dans le développement de la personne et se modulent avec l'âge.

L'impact de l'évaluation par les adultes et les pairs est marquant pour l'élève en devenir qui est grandement influencé par les critiques de son entourage (parents, enseignants et amis). De plus, ses expériences de succès et d'échecs influencent la perception de sa compétence à accomplir une tâche.

Meilleure est sa perception de soi et de sa compétence, meilleure est la motivation de l'élève à s'engager dans les activités qu'on lui propose.

De manière générale, un élève accomplit une activité en vue d'atteindre les buts qu'il poursuit. D'abord, il y a les buts sociaux, lorsque l'élève réalise une tâche pour plaire à l'adulte ou pour partager les intérêts de ses pairs, par exemple. Puis, il y a les buts scolaires, qui sont en lien avec l'apprentissage et ses conséquences. Comme dans le cas de Sam, l'élève peut s'intéresser à une activité pour acquérir des connaissances et des habiletés; ce sont alors les buts d'apprentissage ou de la motivation intrinsèque. Par ailleurs, dans le cas de Léa, il arrive que l'élève s'engage davantage dans une activité lorsqu'il est reconnu ou qu'il reçoit une récompense, ce sont les buts de performance ou de la motivation extrinsèque.

Ces buts sont influencés par la notion de temps ou la perspective future. En effet, le but fixé peut s'échelonner sur une courte, moyenne ou longue période. Certains élèves, comme Léa, recherchent une satisfaction immédiate et ne sont pas très attirés, au départ, par des activités qui nécessitent persévérance et engagement. Dans un cas comme Sam, c'est la perception de posséder le contrôle du déroulement de l'activité qui le motive à s'investir et à réaliser une performance. Ces deux environnements pédagogiques conviennent à différents types d'élèves, selon leurs perceptions et leur processus d'apprentissage. Il est donc important de diversifier les styles de pédagogie afin de satisfaire les sources de motivation de chacun des types d'élèves.

Plusieurs causes internes (aptitude intellectuelle, talent, effort, fatigue, etc.) et externes (difficulté de la tâche, chance, qualité de l'enseignement, camarades, etc.) peuvent être invoquées pour expliquer les succès et les échecs des élèves. Elles varient selon la stabilité et l'idée que les élèves se font de leur capacité à effectuer la tâche demandée. Certains

élèves refusent de participer à une activité de peur de vivre un échec devant les pairs. Il y en a même qui se perçoivent tellement négativement qu'ils octroient leurs réussites à des causes externes, comme la chance. D'autres ne remettent pas en cause leurs propres capacités intellectuelles, et attribuent plutôt leurs échecs à un enseignement inefficace. Somme toute, plus la perception de contrôle de l'élève sur la tâche est importante, plus grande est sa responsabilisation à l'endroit de son apprentissage et meilleure est sa performance.

Les indicateurs ou les conséquences de la motivation

Comme le choix d'entreprendre une activité par lui-même est l'indicateur premier de la motivation de l'élève, il peut s'avérer difficile de le mesurer dans un contexte scolaire où les activités sont souvent imposées et coordonnées par l'enseignant.

La persévérance, c'est-à-dire la ténacité, joue aussi un rôle capital, et ce, en ce qui a trait à la qualité d'effort et non à la quantité d'heures travaillées. Il est essentiel de faire comprendre à l'élève que c'est en persévérant que l'on réussit.

L'engagement cognitif par l'utilisation de stratégies favorisant l'attention et la concentration des élèves dans les activités proposées sont de très bons moyens pour les aider à acquérir, à intégrer et à consolider des connaissances. On peut, par exemple, raconter des anecdotes ou donner des exemples sur des sujets qui intéressent les élèves,

utiliser différents médias pour illustrer la matière enseignée et ainsi contribuer au développement de leurs stratégies d'apprentissage (mémorisation, organisation, élaboration). Également, le fait de faire vivre des projets spéciaux, comme celui du vivarium de fourmis, encourage les élèves à utiliser des stratégies d'autorégulation (planification, auto-évaluation, gestion, etc.) et à s'engager dans leurs apprentissages.

La performance joue également un rôle majeur dans la motivation ; elle l'influence positivement ou négativement, selon son résultat. En effet, un élève qui réussit bien déduira qu'il a fait suffisamment d'effort et sera satisfait de sa performance. Par contre, des échecs répétés influenceront directement les perceptions de soi et peuvent contribuer à créer un problème d'impuissance apprise chez l'élève. La performance n'est pas uniquement une conséquence de la motivation, elle en est aussi une source.

Sophie Martel, psychoéducatrice

Mes remerciements à Karine Busilacchi, orthopédagogue, pour sa précieuse collaboration.

Référence

VIAU, Rolland. *La motivation en contexte scolaire,* St-Laurent, Éditions du Renouveau Pédagogique Inc., 1994.

Ressources

Association des orthopédagogues du Québec
www.s254679505.onlinehome.us

Ordre des conseillers et conseillères d'orientation et des psychoéducateurs et psychoéducatrices du Québec
www.orientation.qc.ca

Ordre des psychologues du Québec
www.ordrepsy.qc.ca

Psychoressources. Le bottin francophone des professionnels de la psychologie
www.psycho-ressources.com

J'apprends la Vie

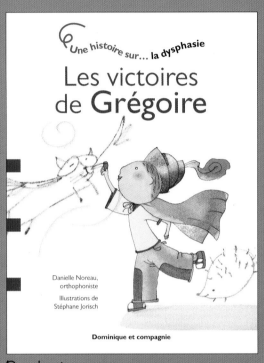

Une histoire sur... la dysphasie

Les victoires de Grégoire

Danielle Noreau,
orthophoniste

Illustrations de
Stéphane Jorisch

Dominique et compagnie

Dysphasie

Une histoire sur... l'hyperactivité

Le lion dans la tête de Ludovic

Éditions Enfants Québec

Hyperactivité

Une histoire sur... le handicap physique

L'accident de Marika

Sofie Gautier
Illustrations de
Nu Hollevoet

Éditions Enfants Québec

Handicap

Une histoire sur... l'asthme

Le défi de Camille

Stefan Boonen
Illustrations de
Pauline Oud

Éditions Enfants Québec

Asthme

Une histoire sur... le deuil

Émilie a perdu sa mamie

Claire Freeb
Illustrations de
Caroline Messie

Éditions Enfants Québec

Deuil

Une histoire sur... la dyslexie

Benjamin n'aime pas lire

Kristien Dieltiens
Illustrations de
Marjolein Pottie

Éditions Enfants Québec

Dyslexie

Une histoire sur... la chirurgie d'un jour

L'opération de Lucas

Éditions Enfants Québec

Chirurgie

Une histoire sur... la prématurité

Le premier hiver de Max

Sylvie Louis
Illustrations de
Romi Caron

Éditions Enfants Québec

Prématurité

Une histoire sur... le bégaiement

Les nœuds dans la gorge d'Ariane

Danielle Noreau • Illustrations de Louise Catherine Bergeron

Dominique et compagnie

Bégaiement

Une histoire sur... la colère

Anaïs voit rouge

Illustrations de
Christine Battuz

Dominique et compagnie

Colère

Une histoire sur... le surplus de poids

Léon se trouve trop rond !

Brigitte Bosman
Illustrations de Milu Helmonzd

Éditions Enfants Québec

Surplus de poids

Une histoire sur... les lunettes

Théo veut bien voir

Stefan Boonen
Illustrations de
Pauline Oud

Éditions Enfants Québec

Lunettes

Une histoire sur... le deuil

Samantha a perdu son papa

Julie Kaplow et
Donna Pincus
Illustrations de
Beth Spiegel

Éditions Enfants Québec

Deuil

Une histoire sur... l'autisme

Le monde d'Éloi

Sophie Martel
Illustrations de
Christine Battuz

Éditions Enfants Québec

Autisme

Une histoire sur... l'abus sexuel

Le secret de Mia

Peter Lamaire
et Michael Maes

Éditions Enfants Québec

Abus sexuel

Une histoire sur... la prononciation

Qu'est-ce que tu dis, Coralie ?

Stefan Boonen
Illustrations de
Pauline Oud

Éditions Enfants Québec

Prononciation

Une histoire sur... les allergies alimentaires

Pas de noix pour Sara

Sylvie Louis
Illustrations de
Romi Caron

Éditions Enfants Québec

Allergies

www.dominiqueetcompagnie.com